SEND
TER
992
9225

...für Kinder erzählt

In der gleichen Reihe sind bisher erschienen:

Die Erde von oben für Kinder erzählt
Das Meer für Kinder erzählt
Vulkane für Kinder erzählt
Die Zukunft unserer Erde für Kinder erzählt
Die Tiere Afrikas für Kinder erzählt
Die Welt der Vögel für Kinder erzählt
Kinder in fernen Ländern für uns erzählt
Pferde für Kinder erzählt
Leuchttürme für Kinder erzählt
Wilde Tiere für Kinder erzählt
Die Sahara für Kinder erzählt
Die Raumfahrt für Kinder erzählt
Die Arktis für Kinder erzählt
Schiffe für Kinder erzählt
Die Wunder der Welt für Kinder erzählt
Feste in fernen Ländern für Kinder erzählt
Die Landwirtschaft in aller Welt für Kinder erzählt
Deutschland von oben für Kinder erzählt
Katzen für Kinder erzählt
Die Antarktis für Kinder erzählt

Die Fischerei in aller Welt

für Kinder erzählt

PHILIP PLISSON ⚓

Die Fischerei in aller Welt

für Kinder erzählt

Texte von
Frédéric Denbez

Illustrationen von
Christelle Guénot

Aus dem Französischen von
Cäcilie Plieninger

KNESEBECK

Inhalt

Der Fischfang in den Gewässern der Erde ist so alt wie zu Lande die Jagd auf Hase, Reh und Wildschwein.

Lange, bevor unsere Vorfahren sesshaft wurden, ehe sie Boote bauten und Angelhaken verwendeten, sammelten sie bereits Muscheln und fingen Fische. Die frühen Steinzeitmenschen betrieben den Fischfang noch mit einfachsten Hilfsmitteln. Doch im Laufe der Jahrtausende entwickelten sich ausgefeilte Fangtechniken. Schon im alten Ägypten benutzten die Fischer Angelhaken, Harpunen, Kescher, Reusen und sogar erste Schleppnetze.

Wo es Wasser gibt, wird auch gefischt. Rund um den Erdball werden in der Fischerei die verschiedensten Fangtechniken eingesetzt. Die Verfahren sind ganz genau darauf ausgerichtet, welche Tiere erbeutet werden sollen. Hummer oder Aale fängt man oft mit Reusen, Heringe und andere Schwarmfische mit großen Schleppnetzen.

Die meisten Fischer arbeiten allein. Sie ernähren mit dem Fang und dem Verkauf der

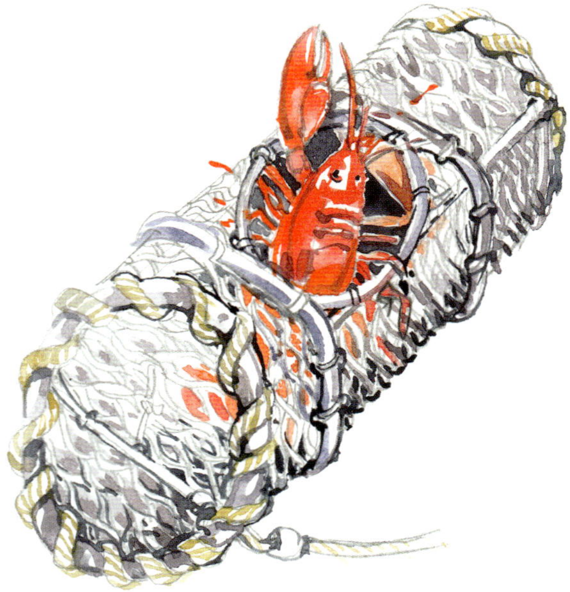

Fische ihre Familien. In den vergangenen hundert Jahren hat sich aber auch eine Fischindustrie entwickelt.

Mit großen Schiffen werden riesige Fischschwärme gefangen und noch an Bord weiterverarbeitet und gekühlt. Fisch ist leicht verderblich. Erst seit es möglich ist, ihn vom Fang bis zum Verkauf kühl zu halten, kann man ihn auch über weite Strecken transportieren.

Heute regeln strenge Gesetze die Fischerei. Weil die Weltbevölkerung ständig wächst, wird immer mehr Fisch gefangen. Einige Fischarten sind deshalb in ihrem Bestand stark zurückgegangen, manche sogar vom Aussterben bedroht. Fangquoten sollen verhindern, dass sie eines Tages ganz aus den Meeren verschwinden.

Dieses Buch erzählt vom Alltag der Fischer in aller Welt, von ihrer Arbeit auf kleinen Booten und großen Schiffen. Es erklärt die verschiedenen Fangmethoden und zeigt, wie der Fisch verarbeitet, haltbar gemacht und verkauft wird, bis er schließlich auf unseren Teller kommt.

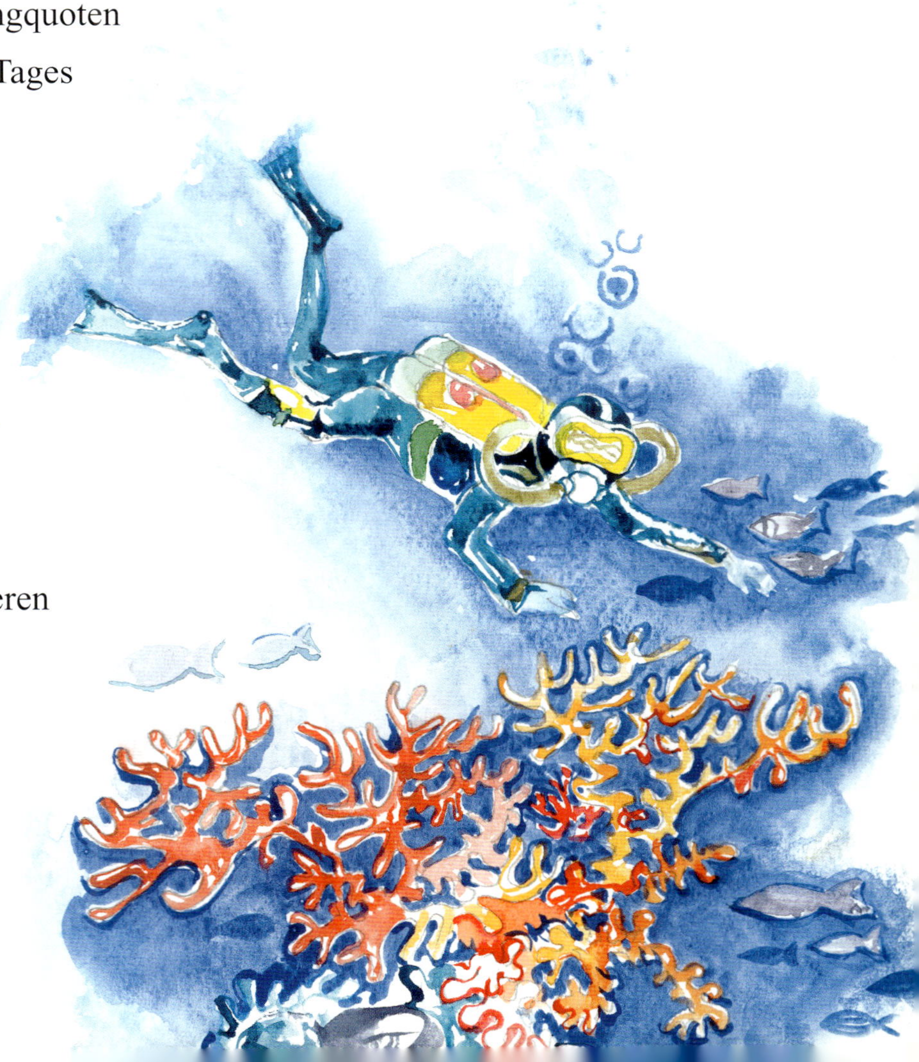

Fischerei in aller Welt

Die Fischerei ist so alt wie die Menschheit selbst. Sie hat die Menschen und ihre Kultur in den Küstengebieten der Welt geprägt. Das gilt beispielsweise für die Regionen an der Nord- und Ostsee oder für Mittelmeerländer wie Italien oder Griechenland. Fischer genießen überall auf der Welt hohes Ansehen. Vielerorts gelten sie geradezu als Helden, weil sie sich aufs Meer hinauswagen und den Stürmen trotzen. Über besonders gefährliche Fischfangmethoden erzählt man sich bis heute abenteuerliche Geschichten, zum Beispiel über die Dorschfischerei und den Walfang.

Rund um den Erdball stechen jeden Tag ungefähr vier Millionen Boote und Schiffe mit 40 Millionen Fischern in See. Im Jahr 2005 fingen die Berufsfischer in Küstennähe und auf hoher See 85 Millionen Tonnen Fisch. Die Fischzucht ist mit 48 Millionen Tonnen pro Jahr ein Zweig der Nahrungsmittelindustrie, der ständig wächst.

Die Fischbestände der Meere nehmen seit Jahren ab. Es gibt feste Fangquoten. Das heißt, für jede Fischart wird eine Höchstmenge festgesetzt, die im Jahr gefangen werden darf. Obwohl die Regierungen die Fischbestände zu schützen versuchen, indem sie die Fangquoten stark beschränken, wirken sich diese Maßnahmen nur wenig aus: Die Fischer fangen jedes Jahr weniger Fische. Manche Arten sind sogar vom Aussterben bedroht. Im Vergleich zum Jahr 1950 sind die Fischbestände weltweit auf ein Zehntel geschrumpft. Wenn die Menschen nichts dagegen unternehmen, werden Millionen von Fischern bald arbeitslos sein – und es wird keinen Fisch mehr zu essen geben.

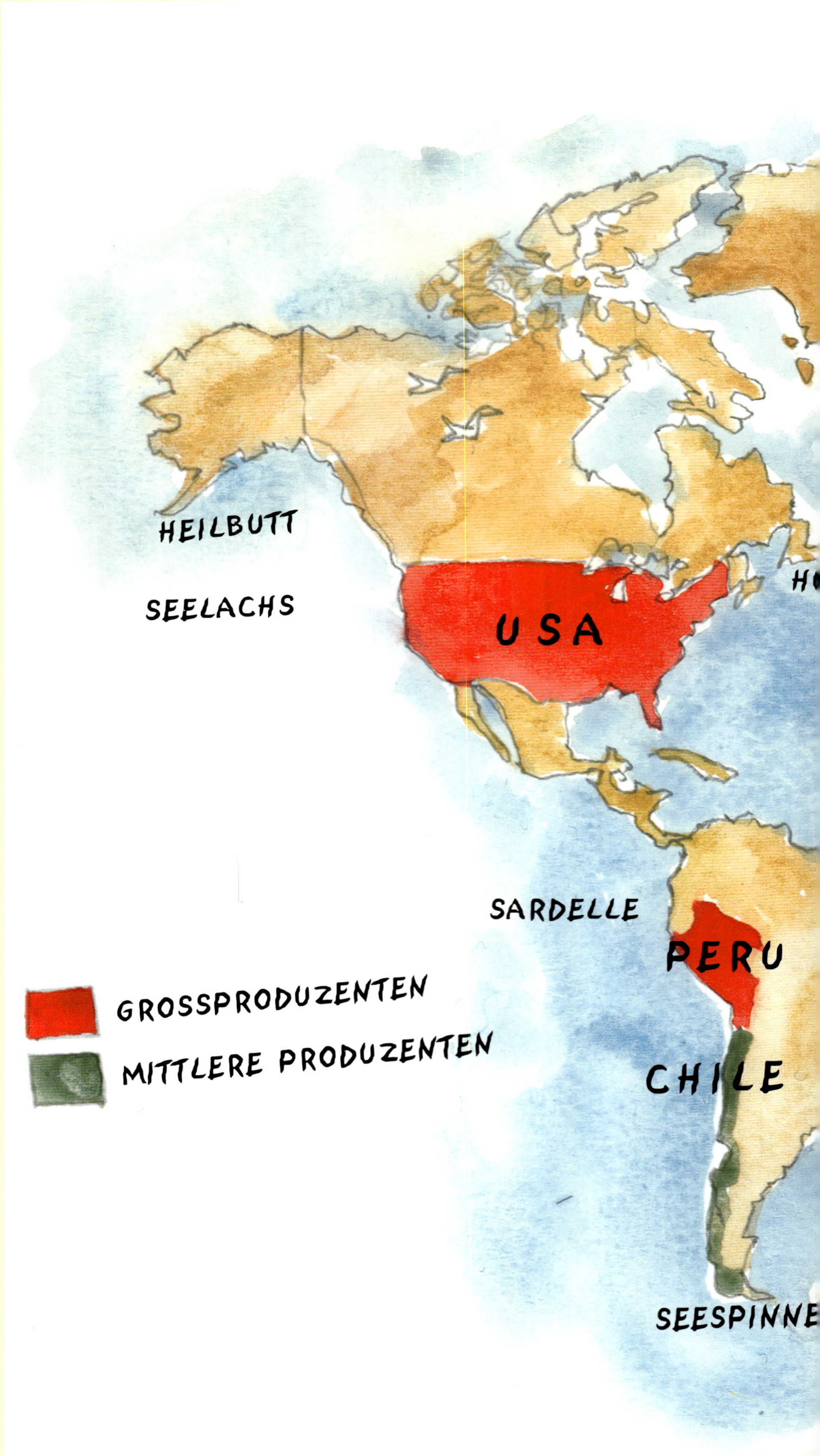

Seit Urzeiten ernähren sich die Menschen vom Fischfang. Auf den Gewässern rund um den Erdball, auf Flüssen, Seen und Meeren, sind kleine Boote und große Schiffe unterwegs, um Fische und andere Meerestiere zu fangen.

Fischerei in früherer Zeit

Die *Belle Poule* ist ein Schulschiff der französischen Marine. Mit solchen Schonern gingen die Fischer früher vor Island und Neufundland auf Kabeljaufang.

Die *Belle Poule* ist ein Schulschiff der französischen Marine. Das leichte Segelschiff mit zwei Masten bezeichnet man auch als Schoner. Es wurde im Jahr 1932 nach dem Vorbild der kleinen und wendigen Dorschfänger im französischen Fécamp gebaut. Diese Schiffe machten in früherer Zeit den normannischen Hafen Le Havre berühmt.

Die Dorschfänger gingen bei Island und Neufundland vor der Ostküste Nordamerikas auf Fischfang. Vom 16. bis ins 19. Jahrhundert versorgten die Mannschaften der Dorschfänger ganz Europa mit Fisch. Sie lieferten den Menschen, die von Hungersnöten heimgesucht wurden, eingesalzenen oder getrockneten Kabeljau.

Die Epoche der Neufundland- und Islandfahrer war eine abenteuerliche Zeit. Überall an den Küsten des Atlantiks und der Nordsee ließen die Fischer die Armut ihrer Heimat hinter sich und zogen hinaus auf See. Als angehender Fischer konnte man damals bereits im Alter von acht Jahren mühelos Arbeit finden. Die Fischer waren mutige Leute und hervorragende Seefahrer, die mit ihren leichten Segelschiffen unberechenbare und kalte Meere befuhren. Sie schufteten 17 Stunden am Tag, fingen Kabeljau und salzten ihn noch an Bord ein – eine Knochenarbeit.

Im Lauf der Zeit wurden die Schoner durch große Fabrikschiffe ersetzt. Diese riesigen Schiffe, auf denen die Fische auch weiterverarbeitet werden, haben die Fischgründe rund um die Insel Neufundland mittlerweile fast leer gefischt.

Die Nachfahren der damaligen Fischer fahren auch heute noch bei fast jedem Wetter hinaus aufs Meer. Zwar haben heute viele Fischer bessere Boote als ihre Ahnen, doch die Gefahren sind die gleichen.

Garnelenfang vor 100 Jahren

Fisch als Grundnahrungsmittel

Eine Milliarde Menschen leben von der Fischerei. Wie an diesem Strand in Brasilien fahren jeden Tag viele Millionen Fischer aufs Meer hinaus. Der Fisch ernährt sie und ihre Familien.

In etwa 30 armen Küstenländern der südlichen Erdhalbkugel sind Fisch und andere Meerestiere die einzige Nahrungsquelle für den Menschen. Das liegt vor allem daran, dass in den Dörfern an der Küste keine Viehzucht und kein Ackerbau betrieben werden können, denn das Salzwasser zerstört das Weideland und macht die Felder unfruchtbar.

Die Bewohner dieser Dörfer sind daher vollständig auf das Meer angewiesen. Man stelle sich einmal vor: Eine von sechs Familien auf der Welt kann ohne die Fischerei nicht überleben. Jede Nacht wagen sich deshalb rund 40 Millionen Fischer aufs Meer hinaus. Diese Fischer sind »Handwerker« im alten Sinne, denn sie arbeiten mit einfachen Hilfsmitteln: einem Boot, manchmal einem Motor, einfachen Netzen, die sie selbst flicken, und der Muskelkraft ihrer Arme. Diese Leute betreiben »Erwerbsfischerei«, das heißt, der Fischfang ist für sie die Lebensgrundlage. Wenn sie nichts fangen, haben sie nichts zu essen.

In den armen Ländern der Tropen können die Menschen den Fisch nicht haltbar machen: Auf dem Land gibt es häufig keinen Strom, und Kühlschränke, in denen man Nahrung aufbewahren kann, sind daher kaum verbreitet. Wenn keine Kühlung möglich ist, kann überschüssiger Fisch nur in der Sonne getrocknet oder eingesalzen werden. Meist jedoch werden die Fische fangfrisch verkauft.

Die Erwerbsfischerei reicht schon seit 20 Jahren nicht mehr aus, um die Menschen der armen Länder zu ernähren. Schuld daran sind häufig die Regierungen dieser Staaten. Sie erlauben den großen Fabrikschiffen aus den reichen Ländern der Nordhalbkugel gegen Geldzahlungen den Fischfang in ihren Gewässern. Dadurch gehen die Fischbestände stark zurück.

Zubereitung einer Mahlzeit an der Küste des Senegal

Fisch haltbar machen

Das Trocknen ist die einfachste Konservierungsmethode für Fisch. Die Technik ist fast so alt wie die Menschheit selbst. In Island hängt man den Kabeljau zum Trocknen auf.

Wo gibt es besonders viele Kleinstlebewesen? Im Wasser. Weil auch Fische überwiegend aus Wasser bestehen, machen sich nach ihrem Tod Bakterien und andere Mikroben besonders schnell über sie her. Wenn man keine Kühltruhe hat, kann man auf zweierlei Weise verhindern, dass der Fisch nach dem Fang verdirbt: Man kann ihn trocknen oder einsalzen. Noch heute verzehren die Menschen überall dort, wo es keine Kühlmöglichkeit gibt, überwiegend getrockneten oder eingesalzenen Fisch.

Wie trocknet man Fisch? Nichts einfacher als das. Man braucht dazu Sonne, trockene Luft und niedrige Temperaturen, damit sich Bakterien, die es warm mögen, nicht entwickeln können, und Wind, damit die Feuchtigkeit schneller verdunstet.

Das Einsalzen wurde in Europa erfunden und ist mittlerweile überall auf der Welt verbreitet. Wenn man Fisch einsalzt, entzieht man ihm Wasser. Auf diese Art werden Mikroben ferngehalten. Ohne Feuchtigkeit verkümmern die Bakterien und sterben ab.

Sehr verbreitet sind der Stockfisch und der Klippfisch. Beim Stockfisch werden Kabeljau, Seelachs oder Plötze (ein Süßwasserfisch) ausgenommen, paarweise am Schwanz zusammengebunden und auf Stockgestellen zum Trocknen aufgehängt. Beim Klippfisch werden die Fische nach dem Ausnehmen gesalzen und anschließend zum Trocknen ausgelegt.

Vor dem Einsalzen wird der Fisch ausgenommen.

Die Kleinfischer

Die Männer, die auf dieser Fischauktion ihren Fang anbieten, sind Jäger, Seeleute und Handwerker in einer Person. Die meisten Fischer rund um den Erdball sind Kleinfischer.

Die überwiegende Zahl der Fischer auf der Welt sind Kleinfischer, die handwerklich arbeiten. Es gibt sie nicht nur in den armen Küstengebieten der südlichen Länder. Auch im reichen Norden schwankt der Anteil der Kleinfischer zwischen 70 und 95 Prozent.

Kleinfischer fahren jeden Morgen aufs Meer hinaus, um ihre Familien zu ernähren. Was sie nicht selbst verbrauchen, verkaufen sie auf dem Markt oder auf der Fischauktion. Ihre Boote sind oft winzig. Nach ihrer Rückkehr schlafen sie ein wenig, doch dann gibt es noch jede Menge Arbeit für sie: Boote warten, Netze ausbessern, die Fahrt des nächsten Tages vorbereiten. An Deck und in den Laderäumen verstauen sie Trinkwasser, Lebensmittel und Dieselöl. Wer eine Sicherheitsausrüstung hat (Funk, Radar, Rettungsringe, Anker), überprüft sie. Das ist sehr wichtig, denn die Kleinfischer sind meistens allein unterwegs.

Vor allem im europäischen Mittelmeerraum und an den Küsten Neuenglands in Nordamerika haben viele kleine Fischer aufgeben müssen, weil die Fischbestände geschrumpft sind. Schuld daran sind große Fabrikschiffe, die sich nicht immer an die gesetzlichen Bestimmungen halten und die Meere überfischen. Hinzu kommt, dass sich in den Küstengebieten zu viele Menschen ansiedeln. Dadurch werden natürliche Lebensräume wie Mangrovenwälder zerstört, und viele Fische können sich nicht mehr fortpflanzen.

Trotzdem ist der Beruf des Fischers noch nicht ausgestorben. Die Fischer, die sich gehalten haben, wollen sich von der großen Fischindustrie nicht unterkriegen lassen. Sie fangen weniger Fische und Krebse, verkaufen sie aber teurer. Die Kunden bezahlen den höheren Preis gern, denn die Fischer fangen auf schonende Weise ausgewachsene Meerestiere.

Die Hochseefischerei

Wer wie diese galizischen Fischer auf hoher See fischt, muss Wind und Wetter trotzen. Hochseefischer sind oft wochenlang unterwegs.

Fischer sind bei einem Fang unterschiedlich lange unterwegs: Wer auf einem Binnengewässer oder in Küstennähe fischt, ist nicht länger als einen Tag draußen. Wenn ein Schiff aber weiter hinausfährt, kann es schon einmal ein, zwei Wochen oder länger auf hoher See verbringen. Man bezeichnet das als Hochseefischerei. In den Industrieländern werden zehn bis 20 Prozent der Fische auf hoher See gefangen. Die Hochseefischerei hat einen sehr großen Vorteil: Über dem Festlandsockel, also der unterseeischen Verlängerung des Kontinents, in 200 Metern Wassertiefe, leben die größten Fischschwärme.

Bei der kleinen Hochseefischerei werden meist sogenannte Hochseekutter eingesetzt. Das sind kleine, etwa 20 bis 30 Meter lange Motorschiffe. Die große Hochseefischerei dagegen wird von Fabrikschiffen und Trawlern durchgeführt, die große Fischschwärme orten, fangen und häufig auch gleich tiefgefrieren. Gefangen werden unter anderem Makrelen, Sardinen, Kabeljau, Seelachs und Thunfisch.

Etwa alle drei Stunden wird das Schleppnetz ausgebracht. Die Hochseefischer arbeiten also Tag und Nacht in Schichten. Sie schlafen kaum vier oder fünf Stunden, dann machen sie sich wieder an die Arbeit. Da die Schiffe teuer sind, zählt jede Stunde.

Fischfang auf dem Festlandsockel

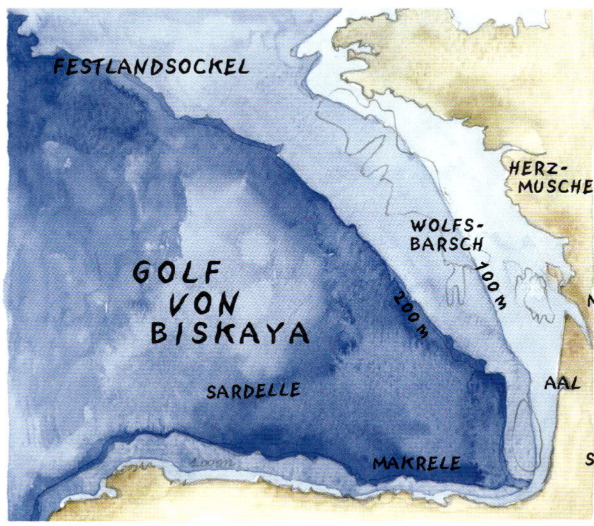

Allein auf dem Meer

Die meisten Fischer sind allein auf dem Wasser. Das Meer oder der See ist ihr Arbeitsplatz, der zum Feind werden kann, wenn das Boot in schweres Wetter gerät.

Die meisten Fischer arbeiten allein. Ein Kleinfischer hat keine Angestellten, sondern verrichtet alle Arbeiten, die mit der Fischerei zusammenhängen, selbst. Das hat auch Vorteile: Der Fischer wird an Deck seines kleinen Bootes durch nichts gestört und kann sich seine Arbeit frei einteilen. Viele schätzen es, allein auf dem Meer unterwegs zu sein. Sie genießen die Einsamkeit. Doch wenn ein Sturm aufzieht und sich haushohe Wellen auftürmen, kann es gefährlich werden, allein unterwegs zu sein. Selbst dem besten Fischer wird in solchen Momenten angesichts der Naturgewalten bewusst, wie klein er ist. Er weiß, dass sein Überleben auch vom Glück abhängt. Die meisten Fischer lassen sich in schwierigen Situationen von ihrem Gefühl und ihrer Erfahrung leiten. In Panik zu geraten, würde ihnen nicht helfen.

Weil erfahrene Fischer in ihrem Leben große Gefahren bewältigt haben, fühlen sie sich einander verbunden. Wenn ein Schiff kentert oder ein Mann über Bord geht, wird über Funk sofort ein Notruf abgesetzt. Alle Schiffe, die in der Nähe sind, nehmen dann umgehend Kurs auf den Schiffbrüchigen. Man hilft sich gegenseitig: Auch das ist ein Gesetz des Meeres.

Die zerfurchten Gesichter zweier Fischer

Schwere Arbeit auf dem Schiff

Es ist harte Arbeit, die Netze auszuwerfen und wieder einzuholen, die Fische an Bord zu hieven, zu sortieren und bis zur Rückkehr an Land haltbar zu machen. So sieht auch der Alltag dieser griechischen Fischer aus, die gerade das schwere Netz an Bord holen.

Frühes Aufstehen, Kälte, Regen, Gischt und Seekrankheit: All das gehört zum Alltag eines Fischers. Dazu kommt, dass er in Gefahrensituationen seine Angst überwinden muss. Um überhaupt in diesem Beruf arbeiten zu können, müssen Fischer aber vor allem stark und ausdauernd sein. Denn die Arbeit auf einem Schiff, sei es klein oder groß, alt oder modern, erfordert Kraft.

Die Fanggeräte verlangen dem Fischer unglaublich viel Muskelkraft ab. Das gefüllte Schleppnetz ist schwer. Auf älteren Booten (und das sind die meisten) müssen die Fischer die Fische mit der Hand an Bord holen. Selbst wenn sie eine motorengetriebene Winde haben, müssen sie das gefüllte Netz auf dem Boot noch an die richtige Stelle hieven, ehe sie es öffnen können.

Auf den größeren Schiffen geschieht dies alles automatisch. Doch auch dort werden die Fische sortiert, ausgenommen und eingefroren. Das ist eine ermüdende und gefährliche Arbeit, bei der man sich verletzen kann, sei es am eigenen Messer, sei es an den Scheren eines Hummers. Es muss immer schnell gearbeitet werden, damit die Fanggeräte rasch wieder zum Einsatz kommen können.

Kleinfischer haben viel Arbeit mit ihrem Boot. Um Unfälle zu vermeiden und an Bord ausreichend Bewegungsfreiheit zu haben, muss das Deck aufgeräumt und in ordentlichem Zustand sein.

Zu den körperlichen Anstrengungen kommt die Seekrankheit. Viele Fischer geben es nicht gern zu, aber fast jeder leidet gelegentlich daran. Oft reichen als Auslöser schon ein paar stärkere Wellen, der Dieselgeruch des Motors oder eine plötzliche Müdigkeit.

Die Handgriffe des Fischers

Dieser Fischer in Südindien flickt seine Netze. Es gehört zum Handwerk des Fischers, seine Ausrüstung gut in Schuss zu halten – eine beschwerliche und schwierige, aber notwendige Arbeit.

Wie ein Handwerker oder ein Landwirt arbeitet auch der Fischer mit den Händen. Ganz gleich, ob er reich oder arm, Deutscher, Südafrikaner oder Vietnamese ist – der Erfolg seiner Arbeit hängt davon ab, wie gut er sein Handwerk beherrscht. Auf dem bescheidensten Einbaum ebenso wie auf dem größten Fabrikschiff braucht der Fischer Kraft, Geschicklichkeit und Erfahrung.

Ein Kleinfischer muss seine Netze instand halten und Löcher flicken – mit Nadel und Faden. Mit der Hand oder einem Fuß spannt er die Maschen, die repariert werden müssen. Eine wichtige Sache ist das Boot und seine Ordnung: Alles muss an seinem Platz gut befestigt sein, damit auf hoher See nichts über das Deck fegt oder umstürzt. Nach dem Fang muss der Fischer das Deck schrubben, denn es ist alles andere als angenehm, auf dem glitschigen Boden auszurutschen.

Ein Fischer beherrscht sein Fanggerät im Schlaf. Die Handgriffe sind uralt, denn im Fischfang haben sich trotz aller modernen Techniken die grundlegenden Tätigkeiten über die Jahrhunderte nicht verändert: das Ausbringen, Einholen und Leeren der Netze, das Sortieren, Ausnehmen und Einsalzen der Fische. Das zeichnet die Hände eines Fischers: Sie sind von den Netzen eingeschnitten, vom Salz ausgetrocknet und von der ständigen Feuchtigkeit angegriffen. Fischerhände sind kräftig, rissig und rau – die Hände eines Handwerkers eben.

Das Angeln erfordert viel Geschicklichkeit.

Gefahren auf hoher See

Die See verändert sich ständig, und das Wetter hält immer Überraschungen bereit. In Küstennähe sind Strömungen und Wellen oft unberechenbar. Fischer müssen ein wachsames Auge und ein Gespür für Wasser und Wetter haben.

Die Fischerei ist seit jeher eine gefährliche Arbeit. Zwar sind durch technische Errungenschaften wie Funk, Satellit, Rettungsboote und Schwimmwesten die Risiken deutlich gesunken. Trotzdem kentern nach wie vor Fischerboote in schweren Unwettern und sinken. Jahr für Jahr gehen rund um den Erdball mehrere Tausend Fischer über Bord, Hunderte von ihnen ertrinken.

Schiffe, selbst riesige Containerfrachter, müssen auch kleinen Fischereifahrzeugen, die Netze schleppen, ausweichen. Der Grund ist einfach: Ein Fischerboot, das ein Netz schleppt, kann nur eingeschränkt manövrieren. Wird diese Regel nicht eingehalten, stoßen Schiffe zusammen.

So wurde im Jahr 2005 der Kutter *Lindsay* vor der Ostküste Südafrikas von dem riesigen Containerschiff *Euro da Brasil* gerammt. Dabei kamen 14 Menschen ums Leben. Die *Bugaled Breizh*, ein Kutter aus der Bretagne in Frankreich, sank im Jahr 2004 vor der Südwestküste Englands mit fünf Mann an Bord. Man vermutet, dass hier ein Zusammenstoß mit einem U-Boot am Untergang schuld war.

In den meisten Fällen aber ist das Meer allein die Ursache der Unfälle. Bei einer Windstärke von über neun fegt der Wind mit mehr als 48 Knoten über das Meer, das sind ungefähr 88 Stundenkilometer. Die See ist dann stark aufgewühlt, die Wellen sind haushoch. Selbst einem großen Kutter droht dann Gefahr. Bei solchem Seegang darf sich niemand an Deck aufhalten, da ständig Wellen das Schiff überspülen. Bei starken Strömungen kann ein Fischerboot außer Kontrolle geraten, auf Grund laufen oder an einer Klippe zerschellen.

Ein Hubschrauber rettet einen Fischer in Seenot.

Gesetzliche Bestimmungen

An Bord des kleinen Schiffs, das etwas abseits liegt, prüft ein Beamter, ob die Fischer die zugelassene Muschelart nur in der richtigen Größe gefischt haben. Die Kontrollen sollen verhindern, dass zu viel gefischt wird.

In der Fischerei gilt eine Unmenge gesetzlicher Bestimmungen. Kein Hobbyfischer darf ohne Angelschein angeln, kein Berufsfischer ohne Fangerlaubnis aufs Meer oder auf den See hinaus. Außerdem sind bestimmte Regeln einzuhalten, die dem Schutz bedrohter Arten dienen. So darf man einige Meerestiere gar nicht fangen, andere dürfen nur zu bestimmten Zeiten gefischt werden, damit sie sich fortpflanzen können. Mit dem Netz darf man nur ausgewachsene Fische fangen, die bereits Nachwuchs gehabt haben. Die Netze sollen daher nicht zu engmaschig sein, damit sich kleinere Fische nicht verfangen können. Ähnliches gilt für die Reusenfischer, die mit ihren Korbgeflechten beispielsweise Krebse fangen. Bei der Muschelfischerei muss genau auf die Größe der Muscheln geachtet werden, um zu verhindern, dass allzu junge Exemplare auf unserem Teller landen.

Zu den nationalen Regelungen kommen noch internationale Gesetze dazu. Die Europäische Union hat beispielsweise strenge Fangquoten eingeführt, die jedem Mitgliedsland nur eine bestimmte Menge pro Art und Fischereizone erlauben. Einige Großfischer verstoßen gegen diese Bestimmungen und gehen illegal auf Fischfang. Deshalb sind heutzutage viele Fischbestände trotz dieser Regelungen bedroht.

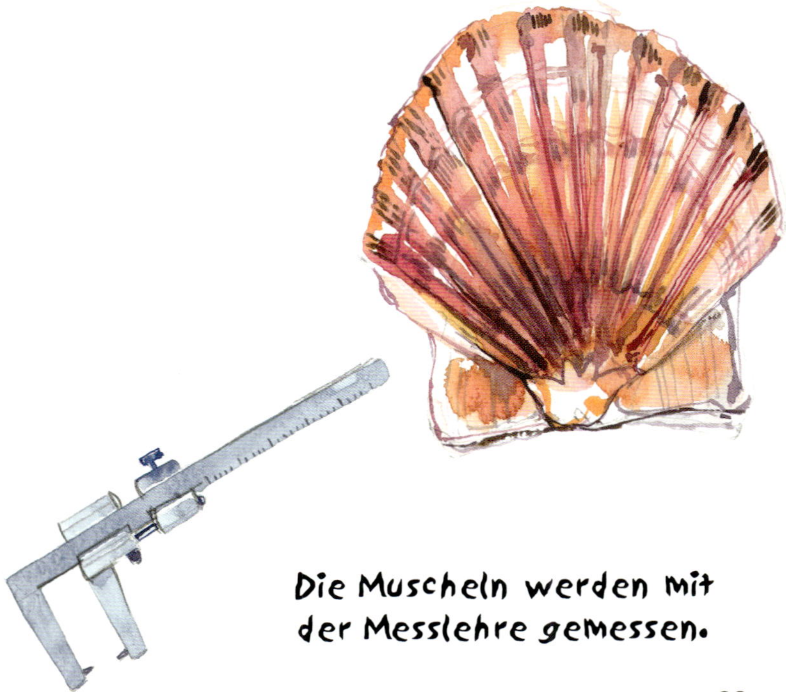

Die Muscheln werden mit der Messlehre gemessen.

Die Schleppnetzfischerei

Die Schleppnetzfischerei ist eine uralte Fangtechnik. Wenn die Netze voll sind, haben sie ein enormes Gewicht, und man braucht einen motorbetriebenen Kran, um sie an Bord des Kutters zu ziehen. Früher waren die Schleppnetze kleiner, und sie wurden von zwei Segelbooten gezogen.

Schon in Mesopotamien und Ägypten wurde vor 5000 Jahren mit Netzen gefischt. Es gibt Hunderte von Netztechniken, wobei viele nur für bestimmte Fischarten verwendet werden.

Mit Treibnetzen, die in der Europäischen Union mittlerweile verboten sind, wurden unter anderem Hering und Thunfisch gefangen. Stellnetze, die im Grund verankert sind, dienen in der Binnenfischerei beispielsweise dem Fang von Felchen, Zander und Hecht, in der Küstenfischerei vor allem von Hering, Meerforelle und Scholle.

Das Fischen mit Treibnetzen und Stellnetzen zählt zu den »passiven« Methoden, weil die Fische von allein ins Netz gehen. Bei der Schleppnetzfischerei dagegen werden sie gezielt wie mit einem riesigen Kescher aus dem Wasser gezogen.

Schleppnetze sind groß und trichterförmig. Das Schiff zieht sie an starken Leinen hinter sich her. Manchmal wird das Schleppnetz auch von mehreren Trawlern, also Schleppnetzschiffen, gezogen. Gewichte und Schwimmer sorgen dafür, dass das Netz offen ist und die Fische aufnehmen kann. Auf hoher See verfolgt das Schiff einen Fischschwarm, den die Fischer mithilfe des Echolots aufgespürt haben. Weil das Schiff schneller ist als der Schwarm, werden die Fische im Netz gefangen. Mit Schleppnetzen fängt man Kabeljau, Seelachs und Heringe, aber auch Tiere, die am Meeresgrund leben, etwa Scholle und Seezunge, Hummer und Garnelen.

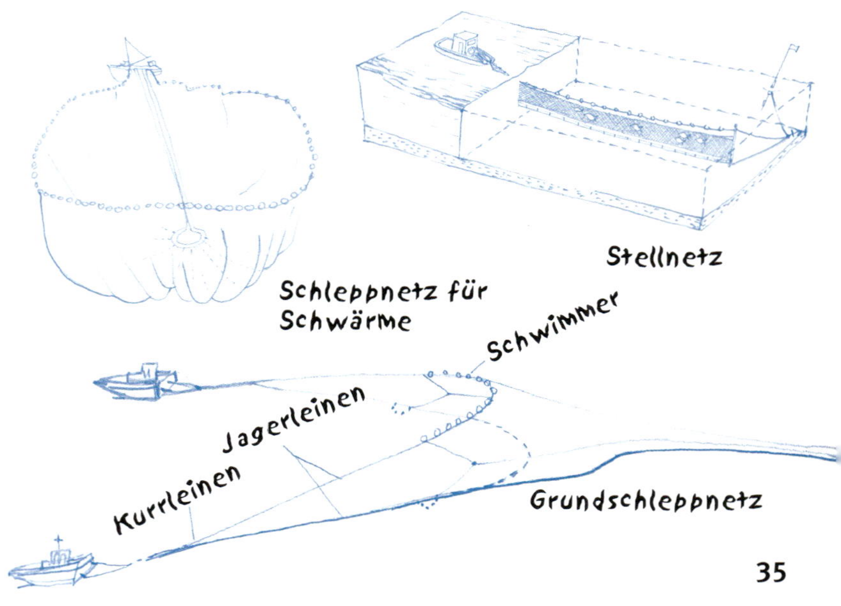

Reusen

Die Körbe an Deck der Kutter sind Reusen. Bevor die Fischer die Fallen im Wasser ausbringen, versehen sie jede mit einem Köder, der Hummer oder Tintenfisch anlocken soll. Die Reusenfischerei gilt als umweltschonend.

Auch die Reusentechnik ist eine alte Fangmethode, die rund um den Erdball verbreitet ist. Das hat einen einfachen Grund: Diese Technik ist denkbar einfach.

Die Reuse ist eine einfache Falle, mit der Tiere gefangen werden, die in einem Fluss, See oder Meer am Grund leben. Das sind vor allem Krebstiere (Hummer, Langusten, Garnelen und Krabben), aber auch Kalmare und Kraken. Die Tiere werden mit einem Köder (einem Fleischstückchen, einer Frucht oder einem kleinen Fisch) angelockt und gelangen durch eine große Öffnung in die Reuse. Dort verfangen sie sich mit ihren Fühlern, Scheren oder Fangarmen in den Maschen der Reuse. Sind sie erst mal drin, gibt es kein Entrinnen mehr. Die Reuse ist nämlich so eng, dass sich die Tiere nicht einmal um sich selbst drehen können.

Der Reusenfischer setzt gleich mehrere Dutzend Reusen ins Wasser, die alle durch eine Leine miteinander verbunden sind. Die Reusen markiert der Fischer mit einer gut sichtbaren Boje. So findet er sie am nächsten Tag mühelos wieder und verwechselt sie nicht mit denen seiner Kollegen.

Die Arbeit mit der Reuse ist gut für die Umwelt. Für jede Tierart gibt es eine Reuse in passender Form und Größe. Und auch für die verschiedenen Größen einer Art kann gezielt die richtige Reuse ausgebracht werden. Ein verantwortungsvoller Fischer orientiert sich an der Durchschnittsgröße eines ausgewachsenen Tieres, das schon Gelegenheit hatte, sich fortzupflanzen. Auf diese Weise wird das Überleben der Art gesichert.

Die Reuse ist eine einfache Falle.

Die Lichtfischerei

Lichtfischerei gab es schon im Altertum. Die Fische werden vom Licht angelockt und kommen an die Oberfläche. Wenn die Fischer nun das Licht abschwächen, rücken die Fische enger zusammen. So können sie leicht gefangen werden.

Viele Fische kommen an die Oberfläche, um Plankton zu fressen. Diese winzigen Lebewesen, die im Meer und im Süßwasser schweben, folgen dem Licht. Bereits in der Antike fiel den Fischern des Mittelmeerraums dieses Verhalten auf. Sie machten es sich zunutze und erfanden eine schlaue Fangmethode: die Lichtfischerei. Nachts erhellten sie das Meer mit einer Öllampe oder mit Kerzen und lockten so Fische an, vor allem Sardinen und Sardellen. Eng um den Lichtkreis gedrängt, ließen sich die Fische leicht fangen. Heute benutzt man beim Lichtfischen zwei Schiffe: Auf dem einen befindet sich eine große Lampe, das andere zieht ein Schleppnetz hinter sich her. Sobald die Fische an die Oberfläche kommen, fährt das Schiff mit dem Netz im Kreis um die Fische herum und zieht das Netz langsam hoch.

Oft wird auch nur mit einem Schiff gefischt. Die Lampe ist dann am Bug des Fischkutters angebracht, und der Fischer fängt seine Beute mit einem großen Netz.

Die Lichtfischerei wird unter anderem noch in Italien, Spanien, Griechenland und Nordafrika betrieben. Sie bringt jedoch immer weniger Geld ein. Weil die großen Trawler mit ihren Schleppnetzen riesige Schwärme von Sardinen und Sardellen fangen, sind die Fischbestände vor den Küsten stark zurückgegangen.

Früher wurde die Wasseroberfläche mit Feuer erhellt.

Das Angeln und die Langleinenfischerei

Das Brandungsfischen wird vom Ufer aus betrieben.
Die Angler fangen Fische, die starke Strömung und hohe Wellen mögen. Andere Fischer angeln von ihren Booten aus.

Zusammen mit der Harpunentechnik ist das Angeln die älteste Fischfangmethode der Welt. Sie reicht bis in vorgeschichtliche Zeit zurück. Zum Angeln braucht man nicht viel Ausrüstung: Es reichen eine Schnur, an der man den Angelhaken befestigt, und ein Köder, meist ein Wurm oder ein kleiner Fisch. Und dann heißt es abwarten, bis ein Fisch anbeißt und am Haken hängen bleibt. Angeln kann man vom Ufer oder auch von einem Boot aus.

Das Schleppfischen wird vom fahrenden Boot aus betrieben. Man hält während der Fahrt die Angel ins Wasser. Weil sich der Köder dabei bewegt, beißen vor allem Raubfische gern an. Im Süßwasser fängt man auf diese Art zum Beispiel Hechte und Barsche, im Meer Lachse und Meerforellen.

Die Langleinenfischerei hat nicht mehr viel mit dem Angeln gemein. An einer Hauptleine, die mehrere Kilometer lang sein kann, werden etliche Seitenleinen mit Angelhaken und Ködern befestigt. Die Langleinen werden nicht von einem Schiff gezogen, sondern mit Schwimmern und Gewichten in der gewünschten Tiefe gehalten. Die Langleinenfischerei eignet sich vor allem dazu, Haie, Thunfische und Schwertfische sowie am Boden lebende Fische wie den Schwarzen Seehecht zu fangen.

An den Leinen sind Köder befestigt.

Fischer zu Fuß

Stiefel, einen Rechen, Schaufel, Messer, einen Behälter – mehr braucht der Fußfischer nicht. Er arbeitet im Schlick, der bei Ebbe trocken fällt. Hier sammeln Fischer an der bretonischen Küste Venusmuscheln.

Wer hat nicht schon einmal bei Ebbe zwischen den Felsen und im Sand nach Krebsen oder anderen Meerestieren gesucht? Wenn das Meer zurückweicht, beginnt die sogenannte Fußfischerei: Die Fischer suchen Sandstrände und Felsen nach Meerestieren ab – egal ob es stürmt oder regnet. Die Fußfischer, die in Stiefeln und Ölzeug losziehen, sammeln hauptsächlich Muscheln. Dazu verwenden sie Kescher und Messer. Sie halten Ausschau nach Venusmuscheln, Herzmuscheln, Seebohnen, in manchen Gegenden auch nach wilden Miesmuscheln. Diese Weichtiere sitzen auf Felsen. Um sie zu lösen, schiebt man ein Messer langsam zwischen den Fels und den Fuß der Tiere.

Die Fischer suchen auch nach Krebstieren, die von der Flut angeschwemmt wurden und in Löchern und Spalten, in denen noch Wasser steht, auf die Flut warten. Diese vereinzelten Krebse, etwa Taschenkrebse und Garnelen, sind leichte Beute. Wenn das Meer zurückweicht, kann man die Garnelen auch mit dem Kescher direkt im Flachwasser einsammeln.

Die Fußfischerei war früher sehr einträglich, wird aber heute kaum noch betrieben. Zum Teil sind die immer strengeren gesetzlichen Bestimmungen daran schuld: Man darf nur zu bestimmten Zeiten an genau festgelegten Orten bestimmte Arten sammeln und muss eine Mindestgröße einhalten. Vor allem aber schnappen die vielen Amateure, die sich nur selten an die Bestimmungen halten, den Berufsfischern die Beute weg.

Fußfischer auf der Suche nach Krabben

Das Wurfnetz

Die Wurfnetzfischerei wird vom Ufer aus betrieben. Es ist eine sehr alte Technik, die in vielen Ländern noch heute üblich ist. Die Wurftechnik dieses Fischers aus Südindien ist wirksam und schön anzusehen.

Das Wurfnetz wird vom Fischer vom Strand aus ins Wasser geworfen. Das Netz ist kreisrund oder kegelförmig mit kleinen Gewichten an den Rändern, damit es sich vollständig ausbreiten kann und weit geöffnet über die Beute fällt. Mithilfe einer Schnur zieht es der Fischer dann zu.

Wie die meisten Techniken des handwerklichen Fischfangs wurde die Wurfnetzfischerei vor über 5000 Jahren in Ägypten erfunden. Damals warfen die Fischer ihre Netze im Nil aus. Seither wird diese Methode in der Binnenfischerei, also an Flüssen und Seen, ebenso angewendet wie am Meer. Gefangen werden vor allem kleinere Fische, die in kaum einem Meter Tiefe schwimmen, meist in Ufernähe, bei einer Insel oder über einem Korallenriff.

Die uralte Fangmethode sieht auf den ersten Blick primitiv aus, doch der Schein trügt: Die Wurftechnik erfordert viel Geschick und Übung. Damit das Netz offen und kreisförmig über der Beute landet, muss es sich zunächst vollständig ausbreiten. Weil es aber recht schwer ist und sich leicht verheddert, braucht man für den Wurf ein geschicktes Händchen. Vor allem muss der Fischer ein wachsames Auge haben, denn er muss Fische aufspüren, die knapp unter der Oberfläche schwimmen. Und diese Fische flüchten beim leisesten Geräusch.

Das Netz wird über die Fische geworfen.

Stellnetze

Zehn Männer ziehen an einem einzigen Netz. In vielen tropischen Ländern haben sich die Küstenbewohner lange Zeit von dieser Art der Fischerei ernährt.

Bei der Stellnetzfischerei fährt ein Fischer vor Tagesanbruch mit dem Boot hinaus und verankert sein Netz im Boden. Es ist 100 bis 200 Meter lang. Schwimmer sorgen dafür, dass es senkrecht im Wasser steht. Die Fische schwimmen in das Netz hinein und können sich nicht mehr daraus befreien. Das Problem ist allerdings, dass sich oft auch andere Tiere wie etwa Delfine im Stellnetz verfangen.

In den tropischen Küstengebieten erledigen die Fischer ihre Arbeit schwimmend. Sie tauchen ohne Atemgerät auf den Grund und sorgen dafür, dass das Netz nicht an Felsen oder Korallen hängen bleibt und einreißen könnte, wenn die Männer es einholen. Bei Tagesanbruch ziehen ein Dutzend Männer das Netz an den Strand. Das ist der schwierigste Teil der Arbeit. Denn wenn die Ausbeute gut ist, dann ergeben die vielen Tausend Fische ein Gewicht von mehreren Tonnen. Nach zwei bis drei Stunden ist die Arbeit getan, und die Beute wird unter den Fischern aufgeteilt.

Jedes Jahr sinkt die Zahl der Fische, die sich in den Stellnetzen verfangen: Die Küstenstriche der tropischen Länder werden heutzutage von großen Fangflotten leer gefischt, die eine Fangerlaubnis für diese Gebiete haben. Vor 50 Jahren ernährte diese Form des Fischfangs noch ganze Dörfer. Heute liefert sie nur noch ein Zubrot – ein paar Kilogramm Fisch müssen oft für ein ganzes Dorf reichen.

Die Fischer ziehen das Netz an Land.

Fabrikschiffe

Auf einem großen Fangschiff erbeuten die Fischer jedes Mal, wenn das Netz ausgebracht wird, mehrere Tonnen Fisch – und das mehrmals am Tag.

Fabrikschiffe sind meist 50 bis 120 Meter lang. Sie heißen so, weil die gefangenen Fische gleich an Bord verarbeitet werden. Die Besatzung eines solchen Schiffes ist 20 bis 60 Mann stark. Die Schleppnetze, die an Bord gezogen werden, wiegen mehrere Dutzend Tonnen. Weil solch ein Schiff sehr teuer ist, müssen die Fischer lange auf hoher See bleiben, um möglichst viele Fische zu fangen. Im Durchschnitt sind sie eineinhalb bis zweieinhalb Monate unterwegs.

Aber wie machen die Fischer den Fisch über einen so langen Zeitraum haltbar? Ganz einfach, ein Fabrikschiff ist eine fahrende Gefriertruhe. Pro Tag werden fünf bis 15 Tonnen Fisch gefangen. Vom Netz gelangen die Fische über ein Förderband in einen Kühlraum. Dort werden sie verarbeitet. Man schneidet den Kopf ab, entfernt Innereien, Flossen und Haut und zerlegt sie zu schönen Filetstücken. Anschließend wird der Fisch in Kisten verpackt und bei minus 30 bis 40 Grad tiefgefroren.

Die Fang- und Verarbeitungsschiffe bedienen sich neuester Technik. Mit Echolot, Satellit, Hubschraubern und Flugzeugen werden die Fischschwärme auch in großen Tiefen geortet. Die Fabrikschiffe machen kaum ein Prozent der weltweiten Fischereiflotte aus, doch sie erzielen die Hälfte des weltweiten Fischfangs. Da sie mit riesigen Grundschleppnetzen arbeiten, gehen ihnen oft auch Delfine oder Wale in die Netze und verenden dort qualvoll.

Das Ausnehmen und Zerlegen der Fische

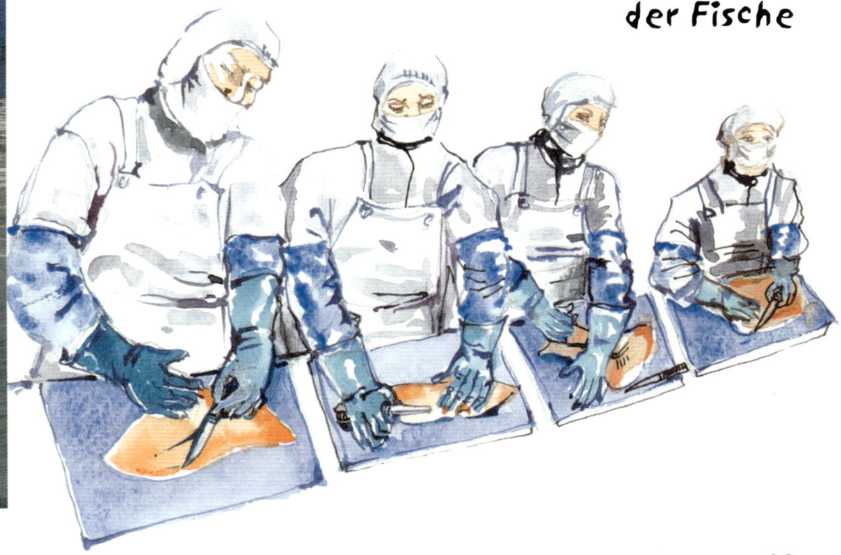

Der Thunfisch

Thunfische sind große Brocken und echte Leckerbissen. Deshalb werden sie auch so stark überfischt. Wenn sich das nicht ändert, wird es bald keine Dosen mit Thunfisch mehr zu kaufen geben.

Sieben von zehn der meistgefangenen Fischarten werden heute überfischt, darunter der Alaska-Seelachs, die Sardelle und der Atlantikhering. Diese Fischbestände gehen daher zurück.

Der Rote Thunfisch – auch Blauflossen-Thunfisch genannt – ist das beste Beispiel dafür. Der Raubfisch lebt auf hoher See, also in Gewässern, die keinem Staat gehören und in denen Schiffe aller Nationen fahren dürfen. Da dort keine Kontrollen stattfinden, werden die Fangquoten häufig nicht eingehalten.

Im Mittelmeer dürfen höchstens 32 000 Tonnen Roter Thunfisch gefischt werden. In Wirklichkeit gehen aber zwischen 50 000 und 60 000 Tonnen in die Netze. Deshalb sinken die Bestände des Roten Thunfischs seit 50 Jahren unaufhörlich. In den vergangenen 50 Jahren sind sie im Mittelmeer um 90 Prozent zurückgegangen. Heute ist der Rote Thunfisch so schwierig zu finden, dass die Fabrikschiffe ihn nur noch mit Beobachtungssatelliten und Flugzeugen aufspüren können. Dies gilt mittlerweile auch für andere Hochseefische, etwa andere Thunfischarten, Schwertfische und sogar Haie.

Der Thunfisch ist in seinem Bestand bedroht.

Zurück ins Meer

Immer wieder verfangen sich wie hier an der schottischen Westküste Seehunde, aber auch Delfine, Meeresschildkröten und Seevögel in den Netzen. Die toten Tiere werden ins Meer zurückgeworfen.

Ein Fischer, der auf einen See oder aufs Meer hinausfährt, weiß genau, was er fangen will. Doch es landen auch Tiere in seinem Netz, die er gar nicht haben will: Fische einer anderen Art, kranke und schwache, zu kleine oder bereits von Räubern angefressene Fische. Diesen »Abfall« – tote oder halb tote Tiere – wirft der Fischer zurück ins Meer.

Tiere, die unbeabsichtigt gefangen werden, bezeichnet man als Beifang. Oft handelt es sich dabei um Delfine, Haie, Seehunde oder Meeresschildkröten. Der Beifang macht immerhin 20 bis 60 Prozent des gesamten Fangs aus. Besonders stark fällt er auf den großen Fangschiffen ins Gewicht. Da die Fischer den Beifang nicht gebrauchen können, werfen sie die Tiere zurück ins Meer.

Es ist unvorstellbar: Jedes Jahr verfangen sich rund 100 Millionen Haie und Rochen, 300 000 Wale und Delfine sowie 100 000 Albatrosse in den Netzen. Sie werden an Bord gezogen und dann tot oder halb tot zurück ins Meer geworfen.

Der Beifang ist ein gewaltiges Problem. Er gefährdet den Fortbestand der Haie, Wale und Meeresschildkröten, aber auch der »unerwünschten« Fische, die sich nicht verkaufen lassen.

Ein Hai im Beifang

Muschel- und Austernzucht

An den zahllosen Pfählen, die hier in Reih und Glied stehen, werden Miesmuscheln aufgezogen. Die Muscheln setzen sich an den Pfählen fest und können, vor Räubern gut geschützt, in aller Ruhe heranwachsen.

Miesmuscheln und Austern sind wirbellose Meerestiere, die zu den zweischaligen Weichtieren gehören. Die meisten Tiere werden heute nicht im Meer gefischt, sondern in Muschel- und Austernfarmen gezüchtet. Man bezeichnet diese Art der Zucht als Aquakultur.

Die Junglarven schweben zunächst frei im Meer. Sie sind auf der Suche nach einem Gegenstand, auf dem sie sich festsetzen können, etwa Steinen oder Treibgut. Dort entwickeln sie sich dann zu einer ausgewachsenen Auster oder Miesmuschel.

Der Austernzüchter bietet den Tieren etwas Besseres: Ziegel, Schieferplatten, Plastikrohre oder sogar die Schalen toter Austern, Miesmuscheln oder Jakobsmuscheln. Die Larven, die sich festgesetzt haben, ernähren sich von pflanzlichem Plankton und werden zu einem erwachsenen Tier. Der Züchter sammelt sie ein und legt sie in Säcke, die er ins Wasser hängt. Dort wachsen sie zur gewünschten Größe heran. Man sagt, sie »reifen« – wie Wein oder Käse.

Die Miesmuschelzüchter im spanischen Galizien dagegen hängen einfach 15 Meter lange Seile ins Wasser, die an Flößen aus Eukalyptusholz befestigt werden, 500 Seile an einem Floß. An diese Seile hängt der Züchter die Muschelbrut. Nach ein bis eineinhalb Jahren sind die Miesmuscheln ausgewachsen, werden eingesammelt und verkauft – etwa 200 Kilogramm pro Seil.

Austernfarm

Die Fischzucht

Bei der Aquakultur ist Vorsicht geboten: Nicht alle Zuchtanlagen werden so ordentlich geführt wie diese hier in Schottland.

Die Fischzucht hat sich in den letzten Jahren enorm weiterentwickelt. Heute stammt fast jeder zweite Fisch, der weltweit verzehrt wird, aus einem Zuchtbetrieb. Und dieser Anteil wird sich in den kommenden Jahren wohl weiter erhöhen.

Doch auch die Fischzucht hat ihre Schattenseiten. Um besonders beliebte fleischfressende Fische wie Lachs, Thunfisch oder Barsch zu züchten, werden die Tiere oft mit Fischmehl und Fischöl gefüttert. Diese Futtermittel werden wiederum aus anderen Fischen gewonnen, die ihrerseits im Meer gefangen werden. Fünf bis zehn Kilo Fisch, zu Mehl und Öl verarbeitet, braucht man, um auf diese Weise ein Kilogramm Zuchtfische zu erzielen. Viele Fischzüchter sind demnach auf die traditionelle Fischerei angewiesen. Auch das Zusammenleben vieler Fische auf engem Raum bringt Probleme mit sich. Weil sich unter den Fischen ansteckende Krankheiten rasch verbreiten, werden den Tieren Antibiotika gegeben. Kot und Urin verschmutzen das Wasser, das daher häufig ausgetauscht werden muss. Zum Glück arbeiten aber nicht alle Fischzüchter so. Vor allem Biobetriebe haben sehr strenge Auflagen zur Fütterung und Haltung.

In manchen Gebieten fallen den Aquakulturen allerdings ganze Lebensräume zum Opfer. In vielen tropischen Ländern beispielsweise werden Garnelen und pflanzenfressende Fische in Mangroven gezüchtet. Diese Sumpfwälder werden dadurch zerstört. Gerade dorthin aber kommen die wild lebenden Fische der tropischen Küsten zur Eiablage.

Viele Zuchtfische werden mit Fischmehl gefüttert.

Taucher im Einsatz

Die rote Koralle, das Seeohr, viele Muscheln und einige Fischarten werden mancherorts von Tauchern gefangen. Das ist eine gefährliche, aber umweltfreundliche Fangmethode.

In Chile, in der Karibik, auf den Philippinen, in Schottland, auf den Kanalinseln, in Italien sowie in Frankreich gibt es Fischer, die weder Netze noch eine Angelschnur benutzen. Wie sie dann fischen? Sie schwimmen hinaus und tauchen zum Grund des Gewässers, um von Hand nach Muscheln oder Krebstieren zu suchen. Ohne Atemgerät oder auch mit Sauerstoffflasche tauchen sie bis in 30 Meter Tiefe hinab, lösen mit dem Messer Seeohren, Austern oder Venusmuscheln von den Felsen oder sammeln Langusten ein. Für diese Tauchmethode braucht man nur wenig Ausrüstung, dafür aber eine gute technische Ausbildung. Denn das Tauchen ist sehr gefährlich. Wenn man tief taucht, löst sich viel Stickstoff im Blut, der bei schnellem Auftauchen schlagartig wieder gasförmig wird – vergleichbar einer Mineralwasserflasche, die man vor dem Öffnen schüttelt. Das kann dazu führen, dass der Taucher bewusstlos wird und im schlimmsten Fall ertrinkt.

Beim Tauchfischen gelten noch strengere Regeln als bei den anderen Fangmethoden. Die Taucher dürfen nur Tiere fangen, die eine bestimmte Größe erreicht haben. Damit sie sich nicht irren, haben sie eine Messlehre dabei. Beispielsweise beim Seeohr, einer Schneckenart, beträgt die Mindestgröße neun Zentimeter. Einer der Hauptvorteile dieser Methode: Es gibt keinen Beifang, denn der Taucher fängt nur die Tiere, die er haben will. Seeohren und Langusten, die einzeln gefangen oder abgepflückt und vorsichtig in Körbe gelegt werden, erreichen die Wasseroberfläche in unversehrtem Zustand.

Taucher im Korallenriff

Kleine Fischereihäfen

Viele Häfen sehen ähnlich aus wie der von Vilinjam in Indien: Es gibt keinen Anleger, sondern nur einen Strand mit Booten und ein paar Hütten. Doch die scheinbare Unordnung täuscht: Alles hat hier seinen Platz.

Sei es in Europa, Amerika oder Afrika – überall auf der Welt gibt es kleine Fischerdörfer. Dort liegen die Boote am Strand oder sind im Hafen am Anleger oder einer Boje vertäut. Die einzelnen Boote und Schiffe liegen stets am selben Anlegeplatz, sind mit einem Kennzeichen versehen, haben eine bestimmte Farbe und tragen einen Namen oder eine Skulptur am Bug. In den meisten Ländern haben die Schiffe auch ein amtliches Kennzeichen, etwa so wie Autos. Der erste Buchstabe dieses Kennzeichens steht für den Heimathafen des Schiffes. In Dänemark beispielsweise sind die Schiffe, deren Kennzeichen mit einem E beginnt, im Hafen von Esbjerg registriert. Bei einem Schiffsunglück können die Rettungskräfte das Schiff auf diese Art leichter identifizieren.

Kleine Fischereihäfen haben eine ganz besondere Atmosphäre: Die heimkehrenden Fischer sind von einem Schwarm hungriger Meeresvögel umlagert. Möwen freuen sich über die Fischabfälle, die weggeworfen werden. In vielen südlichen Ländern, etwa Indien, lauern sogar Geier auf die Fischreste. Ohne sie würden diese Orte in verfaultem Fisch versinken.

In den armen Ländern bringen die Fischer ihre Beute nach dem Sortieren zu ihren Familien oder zum Dorfoberhaupt, das anordnet, wie diese geteilt wird. In den reichen Dörfern werden die Fische an Großhändler geliefert oder auf dem Markt verkauft.

Ein Boot am Strand

Große Fischereihäfen

Ein Industriehafen wie der Aberdeen-Hafen in Hongkong ist eine kleine Stadt für sich. Hier sind Hunderte von Menschen beschäftigt.

Ein großer Fischereihafen hat eine Fläche von mehreren Hektar und bis zu 300 Meter lange Anleger mit Strom- und Wasseranschluss. Oft schützt ein Deich die Schiffe vor Sturmfluten. Große Fang- und Verarbeitungsschiffe laufen ein und aus, und auf Auktionen wird gekühlter Fisch versteigert.

Solche Häfen, die es hauptsächlich in den reichen Ländern gibt, wirken oft wie richtige Städte. Die großen Fabrikschiffe brauchen natürlich auch mehr Platz als kleine Boote oder Fischkutter. In den Laderäumen lagern 200 bis 300 Tonnen Fisch. Die kann man nicht von Hand entladen, dazu braucht man Kräne und Flaschenzüge, die in der Seemannssprache Taljen heißen. Bis zur Versteigerung wird die eingetroffene Ware in riesigen Kühlhallen gelagert.

Die Schiffe bringen so viel Fisch, dass sich oft in unmittelbarer Nähe oder sogar im Hafen Verarbeitungsfabriken niedergelassen haben. Dort werden die Fische gewaschen, zerlegt und tiefgekühlt.

In einem großen Fischereihafen wie Boulogne in Frankreich, Halifax in Kanada oder Port Elisabeth in Südafrika sind viele Menschen beschäftigt. Die Ausrüstung für die Fabrikschiffe nimmt viel Platz in Anspruch, und ihre Wartung und Reparatur machen jede Menge Arbeit. Meist gibt es im Hafen auch eine Reparaturwerft mit Trockendock. Ein Trockendock ist eine Art Hafenbecken, in das ein Schiff hineinbugsiert wird. Man schließt das Becken mit Toren, pumpt das Wasser heraus und kann nun den Schiffsrumpf reparieren. In jedem Hafen gibt es auch Läden für Schiffszubehör, wo man alles kaufen kann, was man auf hoher See so braucht.

Im Trockendock werden Schiffe repariert.

Nacht in der Fischerei

In der Nacht schimmern die Fische silbrig im Licht des Mondes, das sich im Wasser spiegelt. Zu dieser Zeit halten sie sich nahe der Wasseroberfläche auf und können leicht gefischt werden.

Es ist stockfinstere Nacht, und es herrscht tiefe Stille: Wenn die meisten von uns friedlich schlafen, fahren die Fischer mit ihren Booten los. Warum eigentlich? Weil nachts viele Fische auf der Suche nach ihrem Hauptnahrungsmittel, dem pflanzlichen Plankton, an die Oberfläche kommen. Als Plankton bezeichnet man winzige Lebewesen, die frei im Meer schweben. Sie werden vom Mondlicht angezogen. Für die Fische ist es leicht, das Plankton aufzuspüren: ein paar Bewegungen im Wasser – und schon leuchtet es! Daher kommen bei Vollmond, wenn es am hellsten ist, die Fische massenweise an die Oberfläche. Zu dieser Zeit machen auch die Fischer ihren besten Fang. Sie richten ihr Leben nach dem Rhythmus der Fische und Meerestiere aus, die sie fangen. Die Nachtarbeit und die Begegnung mit den Naturelementen prägen ihren Alltag und ihre Lebensweise.

Plankton ist das erste Glied in den Nahrungsketten der Meere. Es wird von kleinen Pflanzenfressern, etwa Sardellen, vertilgt, die ihrerseits von Fleischfressern wie Thunfischen gejagt werden. Viele Raubfische werden von größeren Räubern oder vom Menschen erbeutet. Auch wenn wir Menschen kein Plankton essen, sind wir dennoch darauf angewiesen.

Das Plankton leuchtet.

Die Kühlkette

Fischfang ist ein Wettlauf mit der Zeit. Der Fisch muss vom Moment des Fangs bis zum Eintreffen beim Fischhändler bei gleichbleibender Temperatur gelagert werden. Für die Fischer in der Irischen See ist also Eile geboten.

Die Fische, die wir im Laden kaufen, haben eine lange Reise hinter sich. Fisch verdirbt sehr schnell. Deshalb muss man ihn gleich nach dem Fang haltbar machen. Früher salzte man die Fische schon an Bord ein. Das war harte Arbeit, denn das Salz greift Haut und Lunge an. Heute gibt es auf allen großen Schiffen Kühlräume oder Kühlbehälter. Kleinfischer nehmen häufig zerstoßenes Eis mit an Bord, mit dem sie die gefangenen Fische bedecken. Die gekühlten Kisten kommen dann in einen luftdichten Behälter mit gleichbleibender Temperatur.

Fischer, die eine oder zwei Wochen aufs Meer hinausfahren, nehmen die Fische zunächst aus, weil die Innereien sehr schnell verderben. Danach halten sie den Fang bei etwa null Grad kühl. Der Fisch darf auf keinen Fall wärmer als zwei Grad Celsius werden, weil er sonst rasch verdirbt.

Im Hafen muss die Ware innerhalb von 24 Stunden verkauft werden. Zunächst wird sie versteigert oder an einen Fischgroßhändler verkauft. In großen Kühllastern gelangen die Fische in die Hallen der Großhändler. Von dort werden sie, wieder gekühlt, direkt an Fischhändler und Gastwirte oder an Fabriken geliefert, in denen sie zu Tiefkühlkost verarbeitet werden. Nur wenn diese Kühlkette streng eingehalten wird, bekommt der Kunde im Laden oder der Gast im Restaurant frischen Fisch. Der Fisch muss vom Fang bis zu dem Augenblick, da er in der Pfanne landet, durchgängig und ausreichend gekühlt werden.

Ein fahrender Marktstand

Auf der Fischauktion

Die Käufer begutachten die Fische kritisch. Hier gilt der Grundsatz: Je schöner, frischer und seltener der Fisch, desto höher sein Preis.

In den meisten Ländern der Welt werden Fische und andere Meerestiere wie Krebse oder Tintenfisch versteigert. Die Fischauktionen finden in speziellen Großmarkthallen statt. Auf einer solchen Auktion geht es recht laut zu. Weil so viele Verkäufer und Käufer über die Fischpreise verhandeln, muss man regelrecht schreien, um sich Gehör zu verschaffen.

In vielen Häfen werden die Versteigerungen heute allerdings elektronisch abgewickelt. Die größte Fischauktion der Welt findet in Tsukiji statt, einem Stadtviertel von Tokio. Tag für Tag wechseln dort 2000 bis 3000 Tonnen Fisch den Besitzer. Große Versteigerungen gibt es auch in Madrid, Boston und Dakar. In Deutschland werden beispielsweise in Bremerhaven Fischauktionen abgehalten.

Eine Auktion läuft nach genau festgelegten Regeln ab: Die Fischer übergeben ihren Fang den Mitarbeitern der Auktionshalle. Die Kisten werden mit Etiketten versehen, auf denen Art, Größe und Gewicht der Meerestiere vermerkt sind. Auch die Namen der Fischer werden notiert. Die Kisten rollen dann über Förderbänder an den Käufern vorbei. Die Preise, die die Fischer haben wollen, sind auf einem Bildschirm angezeigt. Die Großhändler können an einem kleinen Computer per Knopfdruck Interesse an einer Kiste oder einer Fischart anmelden. Je mehr Großhändler sich für dieselbe Kiste interessieren, desto höher klettert der Preis. Je weniger Interessenten es gibt, desto niedriger bleibt er. Die Auktion beginnt und endet zu einer bestimmten Uhrzeit. Wer dann den höchsten Preis geboten hat, bekommt den Zuschlag. Anschließend verkaufen die Großhändler ihre Ware an Supermärkte, Fischhändler, Restaurants oder Fabriken. Von dort gelangt sie zum Verbraucher.

Auf einer Fischauktion

Der Tsukiji-Markt in Tokio

Die riesigen Thunfische liegen mit abgeschnittenen Flossen der Größe nach sortiert zum Verkauf bereit. Die Käufer prüfen die Fische ganz genau.

In Japan ernähren sich die Menschen überwiegend von Fisch. Kein Wunder also, dass sich der größte Fischmarkt der Welt in der japanischen Hauptstadt Tokio befindet. Der Markt ist 22 Hektar groß, das entspricht 20 Fußballfeldern. Allerdings werden auf diesem Markt nicht nur Fisch und Meeresfrüchte, sondern auch Obst und Gemüse verkauft.

Jede Nacht zwischen 23 und drei Uhr werden am Tsukiji-Markt über 2000 Tonnen Meerestiere angeliefert, die mehr als 400 verschiedenen Arten angehören.

Die Kisten werden sofort von den Fischhandelsgesellschaften in Empfang genommen. Diese Großhändler kaufen den Fischern ihre Ware direkt ab und versteigern sie innerhalb von 24 Stunden. Zwischen halb fünf und halb sechs Uhr in der Frühe ertönt eine Glocke, die den Beginn der Versteigerung ankündigt. Jede Kiste Fisch muss binnen 15 Sekunden verkauft sein.

Beim Thunfisch lassen sich die Käufer allerdings Zeit. Der Thunfisch ist ein Grundbestandteil des Sushi, wird also roh verzehrt. Daher nehmen die Japaner den Fisch ganz genau unter die Lupe. Jede Verletzung, jeder Fleck wird rot gekennzeichnet. Je weniger Rot der Fisch aufweist, desto hochwertiger und teurer ist er.

Um acht Uhr morgens ist die Auktion vorbei. Die größeren Fische wie Thunfisch und Schwertfisch werden an Ort und Stelle zerlegt. Die Einheimischen können sich nun an den Marktständen Fisch und Meeresfrüchte kaufen und als Mittagessen schmecken lassen.

Ein Verkäufer preist seinen Fisch an.

Auf dem Markt

Auf dem Wochenmarkt spielt sich für ein paar Stunden das Leben einer Stadt oder einer Region ab. Wie hier in Istanbul kann man auf den Märkten sehen, was das Meer vor der Küste zu bieten hat.

Hast du Lust auf einen kleinen Marktbummel? Die Märkte sind wahrscheinlich so alt wie die Städte. Hier trifft man sich, plaudert ein wenig und kauft ein. In fast allen Ländern der Welt finden Hunderte von Märkten statt, vom kleinsten Wochenmarkt bis hin zur Markthalle in der Großstadt.

Ein Markt ist ein buntes Spektakel, und die Auslagen der Stände spiegeln wider, was die Natur der Umgebung zu bieten hat. An den Küsten sind es die Tiere, die sich im Meer tummeln. Die Vielfalt und Größe der Fische und Meeresfrüchte, die den Kunden angeboten werden, lässt außerdem auf das Alter, die Qualität und den Gesundheitszustand der Bestände schließen.

Auf dem Markt wird meist nichts versteigert. Zumindest bei uns in Europa ist es nicht üblich, dass Fischhändler und Kunden um Preise feilschen. Trotzdem verlangen die Händler nicht immer dieselben Beträge. Entscheidend für den Preis ist die Qualität. Ein Kenner sieht an den glänzenden Schuppen, den hellroten Kiemen, den klaren Augen und dem festen Fleisch, dass die Ware hochwertig ist.

Die Qualität eines Fisches hängt vor allem davon ab, wie er gefangen wurde: Je größer das Netz, desto mehr Fische passen hinein und desto größer ist die Gefahr, dass der einzelne Fisch gequetscht wird. Deshalb sind die Fische, die Kleinfischer fangen, häufig von besserer Qualität als die Tiere, die von den großen Fangschiffen gefischt werden.

Grenadier

Kaiserbarsch

Blauleng

Tipps für den Kauf

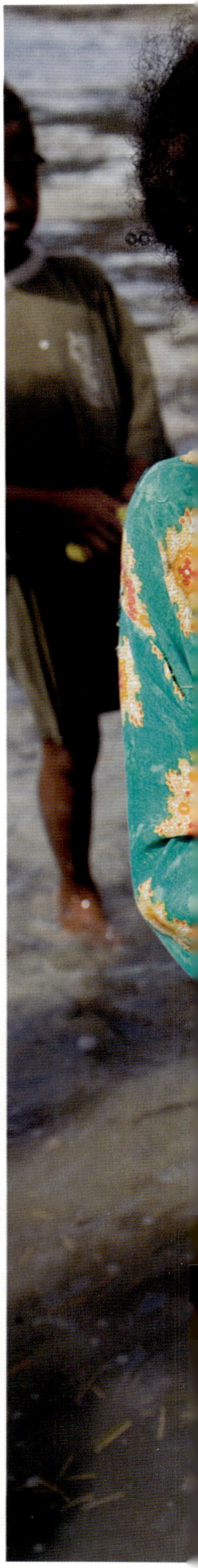

Fisch ist gesund. Trotzdem sollte man beim Kauf auf Fischart, Größe und Herkunft achten. Fische, die wir nicht mehr kaufen, werden auch nicht mehr gefangen, so dass sich der Bestand erholen kann.

Der Preis für Fisch steigt beständig. Das ist auch kein Wunder, denn es gibt ja immer weniger davon. Damit sich die Fischbestände allmählich wieder erholen können, müssen wir Verbraucher ein paar einfache Regeln beachten. So sollten wir beim Fischhändler keine zu kleinen Fische kaufen. Denn ein kleiner Fisch ist oft ein Jungfisch, der sich noch nicht fortpflanzen konnte. Wer einen solchen Fisch kauft, trägt dazu bei, dass die Bestände zurückgehen, weil er verhindert, dass sich die Fische vermehren können.

Auch sollten wir beim Kauf von Fischen (vor allem Lachs) oder Krebstieren aus Zuchtbetrieben darauf achten, dass die Betriebe umweltverträglich arbeiten. Das ist bei Biobetrieben meist der Fall. Und noch ein letzter Tipp: Fische aus großer Tiefe, etwa den Langschwanzseehecht, den Lengfisch, den Kaiserbarsch oder gar den Riesenhusar, sollte man nicht verzehren. Weil die Fischbestände schwinden, gehen die Fischer mit ihren Netzen immer tiefer. Doch auch die Tiefseearten sind vom Aussterben bedroht, denn sie vermehren sich nicht ausreichend und werden gleichzeitig immer stärker gefischt. Diesen Teufelskreis können wir durchbrechen, indem wir als Verbraucher verantwortungsbewusst einkaufen.

Plausch auf dem Markt

Bibliografische Information Der Deutschen Nationalbibliothek
Die Deutsche Nationalbibliothek verzeichnet diese Publikation in der Deutschen Nationalbibliografie;
detaillierte bibliografische Daten sind im Internet unter http://dnb.d-nb.de abrufbar.

Titel der Originalausgabe: *La Pêche racontée aux enfants*
Erschienen bei Éditions de La Martinière SA, Paris 2008

Deutsche Erstausgabe

Ein Unternehmen der La Martinière Groupe

Umschlaggestaltung: Gudrun Bürgin
Satz: satz & repro Grieb, München
Druck: Proost, Turnhout
Printed in Belgium

ISBN 978-3-89660-501-6

www.knesebeck-verlag.de

TOWNS
LOBS
CO
EST.